明|清|雄|郡　神|秀|黔|中

安顺古城

安顺市文学艺术界联合会　编

孔學堂書局

图书在版编目（CIP）数据

安顺古城 / 安顺市文学艺术界联合会编 . -- 贵阳：
孔学堂书局，2025. 4. -- ISBN 978-7-80770-775-2

Ⅰ . K297.33

中国国家版本馆 CIP 数据核字第 2025M5H111 号

安顺古城 安顺市文学艺术界联合会 编
ANSHUN GUCHENG

责任编辑：张基强 练 军
书籍设计：万 及
责任印制：张 莹

出版发行：贵州日报当代融媒体集团
　　　　　孔学堂书局
地　　址：贵阳市乌当区大坡路 26 号
印　　刷：北京世纪恒宇印刷有限公司
开　　本：880mm×1230mm 1/16
字　　数：95 千字
印　　张：7.5
版　　次：2025 年 4 月第 1 版
印　　次：2025 年 4 月第 1 次
书　　号：ISBN 978-7-80770-775-2
定　　价：48.00 元

编辑出版委员会

序

·丁武光

我们生活的这座城市有一个吉祥的名字：安顺。

灵秀的山水见证着古老的往事，古往今来，一代代人与自然和谐相处，用勤劳和智慧建设自己的家园。置身其间，你能触摸到来自遥远年代的信息，感受"天地人和，万物共生"的美好。

何谓"安顺"？从字面说，东周思想家庄子所谓"安时而处顺，哀乐不能入也"，强调的是个人感受；就大处言，应安天下，顺人心。社会安定，民生顺遂。于国于民，"安顺"二字作为地名，都是汉文字文化中的上品之选。

当我们走进这座城市，在古城的街道两旁，在鳞次栉比的店铺之间，随处可见"21℃的城市"宣传牌。它不仅告知了这座城市自然与生态环境的优越，还形象地展示了这片土地给人们带来的惬意与全方位的人生体验。当宜人气候与独特的人文情怀相遇，这座古城便以最温润的姿态，向世人展示着"安"的底色与"顺"的期许。

安顺文化是黔中文化的代表，"自成一个完整的地方文化生态圈"。《安顺古城》正是致力于打开这样一扇窗：在浩如烟海的历史烟云中，勾勒出一个简明的轮廓，让我们更好地认识脚下的土地，了解其独特的文化风貌。当城市的历史随着时代的风云切换时，究竟有哪些地方值得我们回味和铭记？追寻这一问题的答案是我们回望来时路的初心，能让我们从对这座城市深挚的热爱中生长出一份绵长的文化自信。

考古发现，很早以前这里就有人类居住，从穿洞到飞虎山洞等，遍布安顺境域的洞穴古人类遗址，传递着从旧石器时代到新石器时代晚期古人类活动的信息。休说漫长的人类演化过程，就是从春秋战国时期的古牂牁、古夜郎算起，安顺也已走过了两千多年。地处黔中的安顺是多民族交汇的典型区域，伴随许多历史大事件和社会大变动，一批又一批的人来到这里，一代又一代繁衍生息，留下了他们深深的文化印记。

西汉时期牂牁郡的建立，是贵州历史文化的一个标志性符号。这是涵盖今贵州地域的第一个中央集权下的地方政权。安顺宁谷遗址出土的一批批文物说明，这里很可能是牂牁郡政治中心，由此向东北方向延伸，构成了包括安顺、平坝、清镇广大地域的贵州汉文化带。

三国蜀汉时期，诸葛亮统军平南推行的抚民政策在这里留下了不少佳话，安顺一带至今还留有大量与之相关的历史遗迹。之后经历了两晋南北朝的大姓割据时期，以及唐宋的经制州、羁縻州、藩属国并存时代。从三国古道上的马蹄印记，到八番六朝古墓的星月穹顶，这片土地上从未停息过各种政治势力的相互碰撞和各民族交汇融合的步伐。

明洪武十四年（1381）安顺建城，是一个极富历史意义的重要事件——由此奠定了安顺雄踞滇黔之要津的特殊战略地位，安顺因此而成为"襟带三州，控引一方"的黔中重镇。之后，安顺城城市功能渐趋形成，到了明代后期，逐渐成为区域性政治、经济、文化中心。由卫所制度引发的遍布滇黔古驿道旁的所、旗、哨等军事营垒，逐渐嬗变为大大小小的屯堡村落，其生产生活形态保存下来，便形成了今天的屯堡文化。我们看到，卫所制度的军事基因与江南文化的细腻血脉在此交融，孕育出独特的屯堡文化现象。600多年城垣虽已隐入市井，但石板房里的地戏面具仍在讲述着金戈铁马的往事，凤阳汉服上的丝绦依旧舞动着江南的烟雨。

清代安顺城市聚集功能日益扩充、完善，文化教育突显，人才辈出；以此为中心，驿道四通八达。安顺已从以戍兵屯田为中心的军事重镇向集商业、手工业于一体的城市化发展，清初就有"估人云集，远胜贵阳"的记载。从清代晚期至民国时期，安顺逐渐发展为贵州的重要商埠，有"商业之盛，甲于全省"之称。

辛亥革命之后，安顺先后经历了军阀割据和国民党统治时期。1935年中央红军长征过安顺，留下了不可磨灭的历史篇章。在争取国家独立、民族解放的斗争中走出了王若飞、陈曾固等一批为新中国成立作出杰出贡献的革命先驱。他们可歌可泣的动人事迹，在古城的历史长河中熠熠生辉。

1949年10月1日，中华人民共和国成立，开辟了历史的新纪元。11月18日，安顺解放，进入了一个全新的发展时期。在经历多次建置名称及管辖范围的变更之后，2000年6月，设立地级市的安顺，迎来新的发展机遇。

进入新时代，推动中华优秀传统文化创新性转化、创造性发展的劲风吹拂神州大地。安顺挖掘文化内涵，以"绣花功夫"展开对安顺古城历史文化街区的改造提升，作出了保护与利用相结合的有益探索。经过各方不懈努力，街区实现了人文风貌的焕新，人流如织的新景象，被称为"明朝版的清明上河图"。

如今，安顺古城已成为赓续文脉、以文融旅的文旅新名片。当新时代的晨曦洒向虹山湖畔，古韵与新风共舞的安顺，正以新的姿态走向未来。

是为序。

（作者系贵州省文史馆特约研究员、省屯堡文化学会顾问，地方文化学者。著有《一地风吟——安顺明清人文之旅》《黔中雄郡·安顺》《安顺历史文化新探》等多部著作）

安顺古城

目录

贯城河

儒林路

第一章　古城史话

　　安顺，地处祖国大西南的云贵高原，素有
"黔之腹，滇之喉，蜀粤之唇齿"之称，是贵
州历史文化名城。这里既有黄果树大瀑布、龙
宫景区等为代表的世界级自然珍宝，又有安顺
古城、屯堡文化等为代表的史诗级文化瑰宝，
更有夏季平均气温21℃的凉爽气候，被誉为
"瀑布之乡""屯堡文化之乡"。

追溯安顺历史，首先要梳理"安顺"这一城名的来历。

史书上最早出现这一地名，是元至正十一年（1351）设置的安顺州。当时，元朝廷实行土司制度，在安顺设普定府（后升为普定路），安顺州是其下辖的一个州。府、州都是土司治理的地方政权，俗称土府、土州。普定土府辖地包含今安顺大部分地区，其政权中心在今西秀区杨武一带，是当时的区域政治、经济、文化中心。而安顺州还在今旧州之地。这一格局持续到明初安顺建城。

明洪武十四年（1381），朱元璋发动"调北征南"军事行动，扫除盘踞于云南的残元势力。同年，征南大军攻克安顺一带后，就选址阿达卜（今中心城区所在地）建城，设普定卫。"普定"成为安顺古城最初的名字。

普定卫是军事建制，主要进行军事管理。在行政建制上，明初朝廷恢复元代普定土府的设置，沿袭其土司政权的治理，安顺土州仍由普定土府

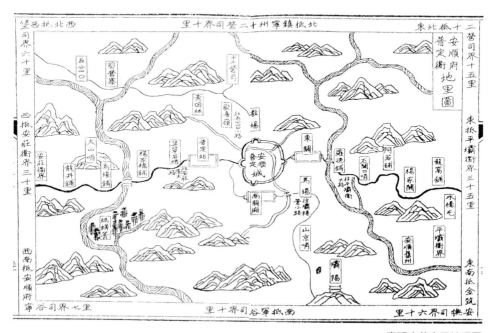

安顺府普定卫地理图

管辖。普定卫与土府、土州之间互相牵制博弈。

为加强统治,明洪武十八年(1385),朝廷废除普定土府,将其下辖的安顺州划归普定卫辖管。永乐十一年(1413)贵州建省后,安顺州以直隶州归省管理,区域中心也逐步从杨武一带向普定卫城转移。

到了明成化年间(1465—1487),朝廷将安顺州治所迁到普定卫城,原址称为旧州。州卫同城而治。这种状况一直延续到明代晚期的万历三十年(1602),安顺州升为安顺军民府,普定卫反受其节制。自此,"安顺"这一名称逐渐取代"普定"旧称。

民谚"先有旧州,后有安顺"由此而来。

还有一个重要环节是普定卫改县后迁出安顺城。康熙十一年(1672),普定卫改为普定县,仍与安顺府同城。1914年,安顺府改为安顺县。同时,普定县治所从原安顺府城迁至定南城(今普定县境)。

至此,古城内"安顺"与"普定"两个地名的交织画上了句号。

1949年11月,安顺解放后,曾设安顺专区、安顺地区、安顺县、县级安顺市等。2000年,设立地级安顺市,改原县级安顺市为西秀区。"安顺"作为地级市名沿用至今。

此外,元代曾设习安州(其范围有今西秀、普定部分),明代裁并入安顺州,故安顺也有"习安"旧称。

川古镇 神奇黔中

安顺古城

安顺老风景 双眼井

1/ 城前记

　　今安顺境域，从远古时出现人类活动到上古文明的演化，经历了漫长的过程，直到春秋战国时期，才在西南夷部落方国的零星文字记载中逐渐露出端倪。

　　春秋时期，包括今贵州在内的广大地区兴起过一个牂牁国。《管子·小匡》记载，公元前651年，牂牁国参加了齐、鲁、宋、曹、卫等国国君会盟，地点在葵丘。其势力范围包括乌江以南、盘江以北、贵州从江县以西、云南曲靖市以东两千余里的区域，今安顺属之。

　　到了战国时期，夜郎国崛起，占据今贵州西部，不断向东扩展，与牂牁国对峙。清咸丰《安顺府志》载：二国之境土，其南面以濛江（向北延伸为格凸河）、滴澄（今平坝羊昌河）为东西界，北面以乌江为南北界。安顺居二国之交。战国晚期，牂牁国改号为且兰国。

　　秦始皇统一六国后，行郡县制，公元前214年，置且兰、夜郎二县，划入象郡，今安顺属夜郎县地。秦末战乱，西南夷各部落方国据旧境自立。

　　西汉初，朝廷"闭蜀故徼"，无暇顾及西南夷，各方国乘机扩充势力范围，"西南夷君长以什数，夜郎最大"。今安顺属夜郎国。

　　建元六年（前135），汉武帝开西南夷道，派郎中将唐蒙出使夜郎，会见夜郎侯多同，"约为置吏，使其子为令"，即在夜郎境置夜郎县，并委多同的儿子为县令。夜郎县治所在今关岭一带，隶属于中心区域在四川的犍为郡。

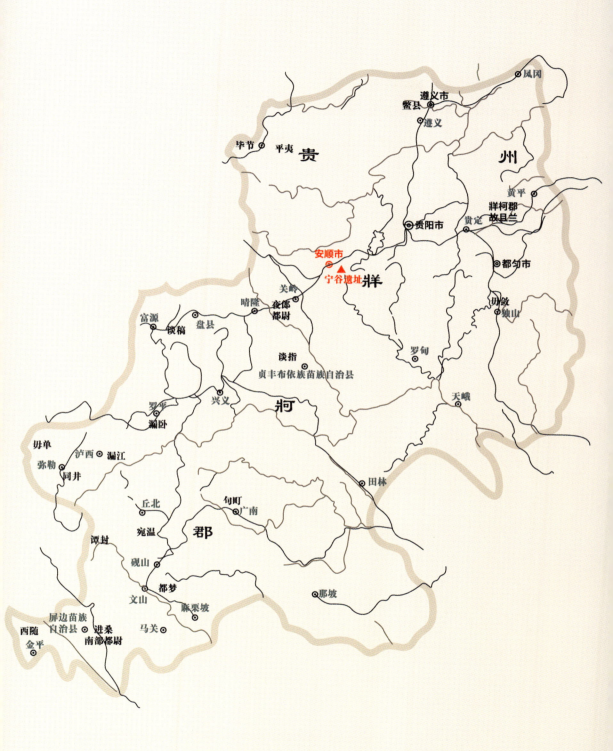

凤冈

遵义市
鳖县
遵义

毕节　平夷　　　　　　贵　　　　　　　　　州

黄平
牂柯郡
故且兰

贵定
贵阳市

安顺市　　　牂
宁谷遗址

关岭　　　　　　　　　都匀市
晴隆　夜郎
郡尉　　　　　毋敛
富源　　　　　　　　　　独山
锬稿　盘县

淡指　　　　　　　　　罗甸

贞丰布依族苗族自治县

柯　　　　　　　天峨
罗平
漏卧　兴义

毋单
泸西　漏江　　　　　　　　　田林
弥勒
同井

丘北　　句町
宛温　　广南

谭封　　　　郡

砚山
都梦　　　　　那坡
文山
屏边苗族　　麻栗坡
自治县
西随　　进桑　马关
金平　南部郡尉

汉牂柯郡地图　　引自谭其骧主编的《中国历史地图集》

元鼎六年（前111），汉武帝出兵灭南越国，回师降服且兰国，授归附的夜郎国君长"夜郎王印"，在夜郎国地置牂牁郡，实行郡国并治。2003年《贵州通史》记载，今安顺为牂牁郡政治中心，这是涵盖今贵州大部分地域的第一个中央集权下的地方政权。

战国大夜郎和黔中形势图

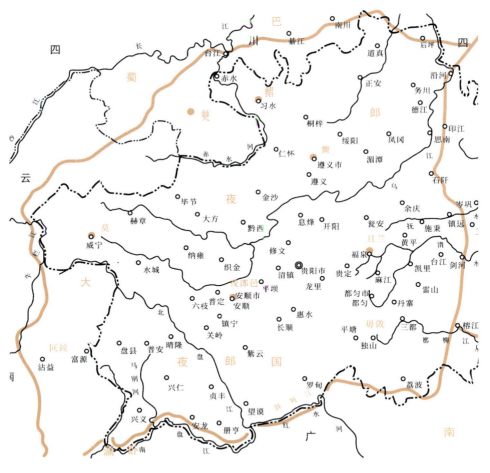

战国大夜郎和黔中形势图　引自周春元《贵州古代史》

安顺汉代古墓出土的摇钱树残片　安顺市博物馆提供

西汉牂牁郡辖 17 县（东汉为 16 县），辖地包括今贵州大部地区和云南、广西一部。清咸丰《安顺府志》称：两汉牂牁郡"几有贵州之全，规云南四之一，粤南五之一"。今安顺分属且兰、谈指二县。

汉成帝河平年间（前 28—前 25），夜郎王兴作乱，牂牁太守陈立请旨诛之，遂平三十二邑，夜郎国灭。至此，牂牁郡完全取代夜郎国，结束了郡国并存的历史。

三国时期，蜀汉后主建兴三年（225），诸葛亮为稳定后方，本着"南抚夷越"的战略，统军南征。派马忠率师分进牂牁。南中平定后，实行"夷汉分治"。原南中 4 郡改设为 7 郡。牂牁郡领 7 县，今安顺境地分属谈指、

长乐未央瓦当

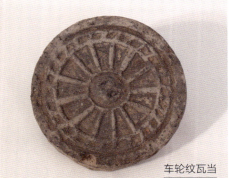

车轮纹瓦当

陶器

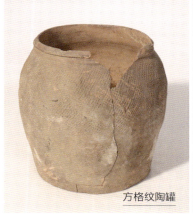

方格纹陶罐

陶器

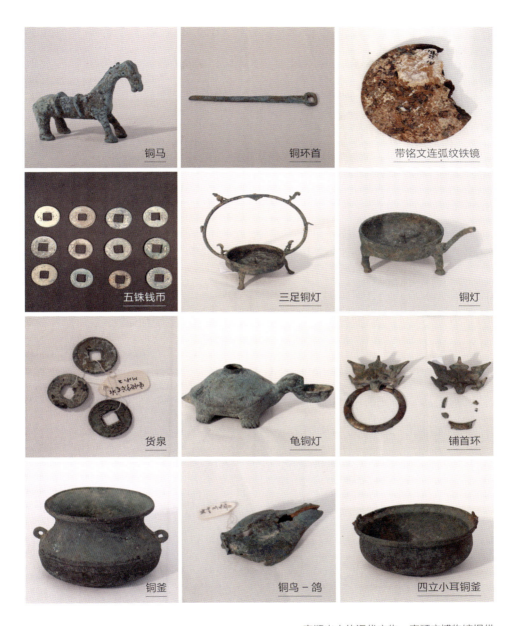

铜马　　　　　　　　铜环首　　　　　　带铭文连弧纹铁镜

五铢钱币　　　　　　三足铜灯　　　　　　　铜灯

货泉　　　　　　　　龟铜灯　　　　　　　　铺首环

铜釜　　　　　　　铜鸟－鸽　　　　　　四立小耳铜釜

安顺出土的汉代文物　安顺市博物馆提供

且兰二县。

建兴十一年（233），牂牁境普里卑僚反，蜀汉朝廷派卢鹿部统帅罗殿王济火平之，为了奖励他的功劳，把普里这个地方赐给他作世袭领地。济火因为年迈，让其兄长的儿子柏墨承绍，史称"白勒大革"。统治中心就在今西秀区杨武附近、辖今西秀、平坝、普定一带。

西晋惠帝太康四年（283），牂牁郡领8县。永嘉五年（311），分牂牁之地另置夜郎郡。今安顺大部属夜郎郡。

南朝经宋、齐、梁、陈四个朝代，国家分裂，战乱迭起，南中八郡划属宁州。

隋文帝开皇十七年（597），朝廷清除爨氏占据的贵州西部势力，置牂州。炀帝大业二年（606），改称牂牁郡，领牂牁、宾化二县。今安顺大部属宾化县。

唐贞观四年（630），西谢归附朝廷，置剡州（一作琰州），行羁縻州制。剡州辖七县，今安顺宁谷一带属望江县。

贞观年间，普里部奉土纳上，朝廷以普里属地置普宁州。玄宗天宝三年（744），朝廷置清州，今平坝大部属之。至此，今安顺分属剡州、普宁州、清州。

唐武宗会昌二年（842），封乌蛮部鬼主阿佩为罗甸王，其地包括今紫云、关岭、镇宁东南一带。又封普里别帅为滇王，寻改普宁郡王，治所在今西秀区杨武。罗甸王、普宁郡王分居岭南岭北各数百里。

五代十国时期，后晋天福五年（940），以湖南长沙为中心的楚国向西扩张，楚王派马平、龙德寿率柳州"八姓兵"沿清水江深入贵州东南部，在都匀一带置南宁州。跟随龙德寿出征的"八姓兵"均得到分赏，其中张姓据有今安顺旧州、双堡一带。清咸丰《安顺府志》载：安顺州"张氏之先，为马氏征戍南宁""遂分土授世职"，史称张番。

玻璃串珠

铜铃

青花瓷碗

青白瓷碗

青瓷高足碗

酱釉双系瓷罐

贵安大松山墓群出土文物 安顺市博物馆提供

安顺出土的鹭鸟纹彩色蜡染　贵州省博物馆藏

宋沿唐制，仍实行羁縻州制。经过南宋一百多年的演化，原唐时剡州下辖各县均改换名称：武侯县为顶营、始安县为西堡、望江县为宁国（元时改宁谷）、应江县为十二营、剡川县为慕役、降昆县为康佐。宋末皆属普里部控制范围。

南宋朝廷为对北方辽金作战，在广西置买马司，购大理马以补充骑军，今安顺一带为中转站，成为西南地区最大的马市。"蛮马之来，他货亦至。"马市成为跨省商人贸易、交换各种物资的场所，这对后来安顺发展成为贵州重要物资集散地有着重要作用。

到了元宪宗七年（1257），普里部归附，朝廷以其地置万户，寻改普定府，辖和弘州（今镇宁、紫云）、达安州（今关岭），府治在今杨武乡。

成宗大德七年（1303），因普定知府征宋隆济、奢节有功，升普定府为普定路，以适姑（女）为军民总管府总管，佩虎符。

元至正十一年（1351），以张番地置安顺州（治所今西秀区旧州镇），以西堡地置习安州（治所今普定县沙家马场），并置附廓普定县，同时改和弘州为镇宁州，改达安州为永宁州（今关岭），均属普定路。至此，普定路领四州一县。

总结安顺建城之前的历史，从春秋战国时代古夜郎的崛起到汉代牂牁郡雄踞西南留下的踪迹，从三国时期蜀汉文化对这片土地的浸染到唐宋时期留下的多民族文化遗存，这片土地上从未停息过各种政治势力的相互碰撞和各民族交汇融合的步伐。元代推行行省制，安顺初步形成统一的行政建制、为明清进一步的开发与发展奠定了制度基础。丰富多彩的民族文化和多元一体的文化特色，共同滋养着这片古老的土地，文明和进步始终是社会发展的主旋律。

2/ 城建记

安顺城始建于明洪武十四年（1381）十二月，安陆侯吴复择地阿达卜寨动工，洪武十五年（1382）闰二月即告筑成。十五年正月明朝廷新置云南十四卫，普定卫为其一，安顺城成即为普定卫指挥使司治所。那时，这座城市还没有用上"安顺"这个名字，而称为普定卫城。

城市的初创，因时因势而兴。发生在明初的征南平滇军事行动，是安顺建城的动因和背景。从洪武四年（1371）明军消灭了盘踞四川的夏国割据势力以后，明太祖朱元璋便着手收服云南，先后七次招降盘踞云南的元朝梁王割据势力，均告失败。洪武十四年（1381）九月，明朝调集三十万大军征讨云南，按朱元璋所定的方略，主力由将军傅友德统领，由湖南沅、辰入贵州，十一月师趋普定（今安顺），十二月首战即克之。

安顺是向云南纵深推进的咽喉之地，明军据此要害，下可威逼曲

靖，进而直捣昆明。因此，营建安顺城，是征南军事行动发展过程中的必然结果，也是战时军事运作的关键一步。

普定卫城建成之后，随着明军向云南纵深推进，以普定卫为中心的军事布控随即展开：一方面，作为军事基地，为前线战事提供强有力的支撑；另一方面，形成对地方土司的军事控制，以防骚乱。

洪武十五年（1382），明廷升普定卫指挥使司为军民指挥使司，既管军又管民。洪武十八年（1385），普定军民卫指挥使顾成上奏朝廷，以"土府权重多交引夷族为奸"为由，废除普定府，普定卫军民指挥使司集军、政大权于一体，领左、右、中、前、后五个千户所，辖安顺、永宁、镇宁三州六长官司。史称其"屹为边垒，襟带三州"。

永乐十一年（1413），朝廷新建贵州承宣布政使司（贵州省）后，于正统三年（1438）以安顺、永宁、镇宁三州直隶贵州布政司，改普定卫属贵州都司，仍从军事建制领五个千户所。这一格局沿用至明末万历朝。

万历三十年（1602），安顺州升为安顺军民府，领镇宁、永宁二州；原安顺州所辖西堡、宁谷两个长官司不另划出，作为府亲辖地；普定卫、

民国安顺全景

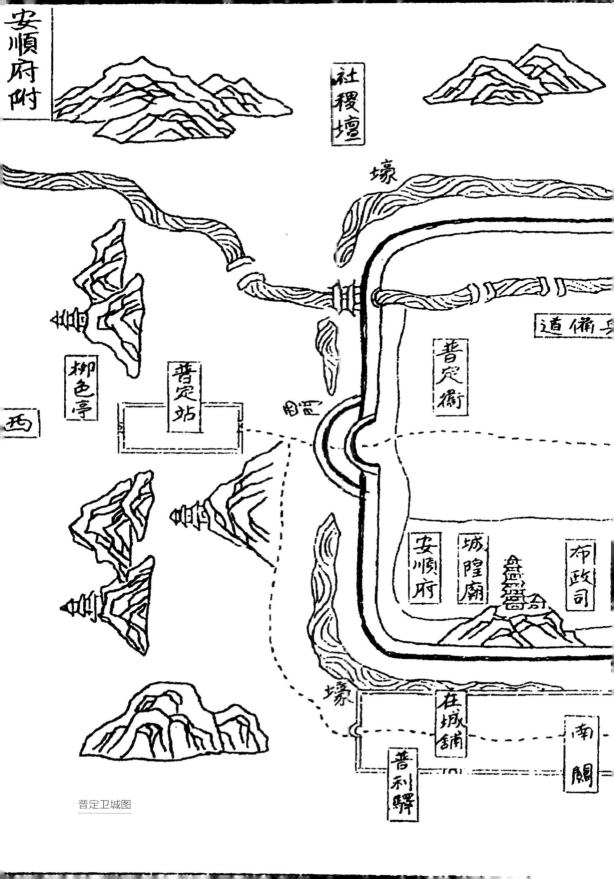

普定卫城图

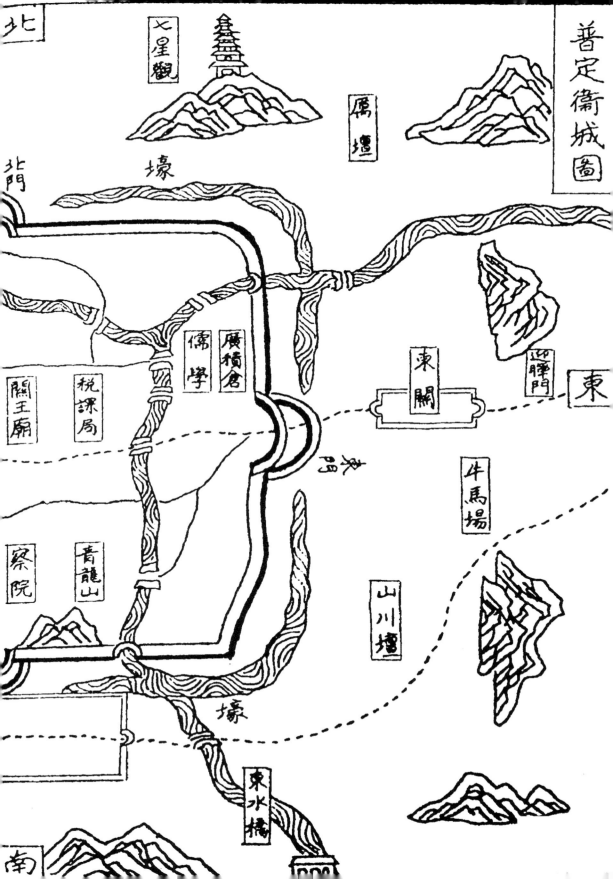

平坝卫、安庄卫等上六卫归安顺府节制。

明代是贵州经济、政治、文化全面发展的一个时期。崇祯十一年（1638），徐霞客过安顺府城，在《黔游日记》中有记："普定城垣峻整，街衢宏阔；南半里，有桥，又南半里，有层楼跨街，市集甚盛。"撰于清初的《滇行纪程》也有这样的描述："城围九里，环市宫室皆壮丽宏敞。人家以白石为墙壁，石片为瓦。估人云集，远胜贵阳。"反映了形成于明代的城市面貌。

▌清代

清顺治十五年（1658），安顺纳入大清版图，康熙二十六年（1687），安顺军民府改称安顺府。从此，安顺府成了单一的行政区划，其称谓直到清末。

清初，朝廷扫除南明政权统一全国之后，安顺地理位置愈显重要。顾祖禹撰于康熙时期的《读史方舆纪要》称其"右临粤西，左控滇腹，形势险远，屹为襟要"。清顺治十七年（1660），朝廷设云贵总督，总揽云贵军事，总督半年驻云南曲靖，半年驻安顺。十八年（1661），贵州提督自贵阳移驻安顺。康熙元年（1662），朝廷罢去云贵总督，改设贵州总督衙门于安顺。康熙六年（1667），又在总督之下设云南、贵州提督，贵州提督衙门仍设驻于安顺，直至清末。

康熙朝开始撤卫改县。清康熙十一年（1672），改普定卫为普定县，原隶省的定南守御千户所（今普定县城）划入。裁安庄卫，保留镇宁州。二十六年（1687），改平坝卫为安平县。通过一系列的建置变更和区划调整，安顺府领普定、清镇、安平三县，镇宁、永宁二州，郎岱、归化二厅。这一格局历180余年，延续至清末未变。

随着经济社会全面发展，安顺府城池加固，驿道贯通，文教蔚兴，商

贵州提督署建牙统众坊

旅往还，安顺成为贵州中西部最重要的商品集散中心，有"黔中旱码头"之誉。

咸丰《安顺府志·地理志》对安顺府城有这样的描述："士以诗书为业，贫而不废弦歌。商多外省寄居，富而各安礼法。饮食衣服，颇改朴风。文教士习，渐希省会。田功加奋，小民汗锄犁云。家道尚勤，幼女寒车纺月。普定与府同，其文风颇盛云。"

▌民国时期

1911年10月10日武昌首义成功，同年11月4日贵州宣告独立，成立大汉贵州军政府。

1914年，安顺府改置安顺县，与之同城的普定县，移治定南（今普定县城）。

晚清安顺城景

1927 年新修的贵（阳）安（顺）公路入城段

　　民国时期，安顺进入了现代教育发展的时期，陆续兴建了安顺中学、安顺县立女子中学、黔江师范（后改名黔江中学）、豫章中学、立达中学等新式学校。

　　抗战期间，华北、京沪一带大中学校内迁。先后迁入安顺的大学有陆军军医学校，陆军兽医学校，贵州大学工学院等。

　　这一时期，不少著名学者、科学家、艺术家南迁时均到过安顺，留下可贵的文化踪迹。抗日救亡运动和文化内迁，带来了全新的思想、全新的文化，

抗日战争时期援华美军官兵与中国将士在黄果树瀑布前留影

使安顺这个边远闭塞的小城成为后方的文化重镇。

在波澜壮阔的历史浪潮中，中国共产党人率领全国人民，为国家独立、民族解放谱写了不可磨灭的历史篇章。安顺走出了王若飞、陈曾固等一大批革命先驱。

1935年，中央红军长征过安顺，4月13日，毛泽东为实施"调出滇军，西进云南"战略，继威逼贵阳后，率中央红军进入安顺境域。毛泽东运筹帷幄，指挥中央红军抢渡北盘江，到达贞丰县城，直插云南。从4月13日至18日，历时6天5夜，中央红军足迹遍及紫云、西秀、镇宁三县区400余村寨，留下了"弄染结盟"等许多可歌可泣的事迹，在长征史上写下浓墨重彩的一笔。

红军长征经过安顺路线图

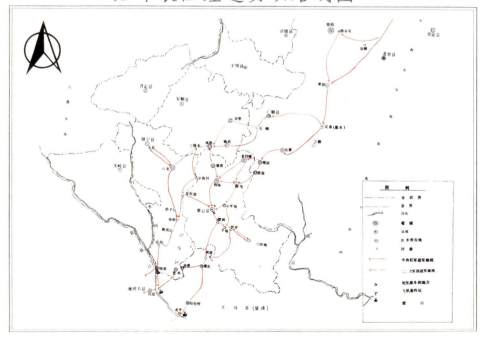

红军长征经过安顺路线图 中共安顺市委党史研究室提供

新中国成立至今

1949年10月1日中华人民共和国成立，历史翻开了新纪元。

1949年11月，安顺解放，成立安顺专区，设安顺行政督察专员公署，辖安顺、镇宁、普定、平坝、紫云、郎岱等6县。

1956年，行政区划调整，安顺专区辖安顺、普定、关岭、郎岱、平坝、清镇、修文、息烽、开阳、贵筑、贵定、龙里、瓮安、福泉、兴义、兴仁、晴隆、普安、盘县等19县。

1958年，成立县级安顺市，与安顺县并存分治，后几经并、分，于1990年合并为县级安顺市。

1979年，撤销安顺地区革命委员会，设立安顺地区行政公署，作为省政府的派出机构。安顺地区下辖安顺市，安顺、普定、平坝、清镇、修文、息烽、开阳7县和镇宁、紫云、关岭3自治县。

1996年，修文县、息烽县、开阳县、清镇市（县级）划归贵阳市管辖。

2000年，撤销安顺地区，县级安顺市改设西秀区，成立地级安顺市。今天的安顺市，辖西秀区、平坝区、普定县、镇宁布依族苗族自治县、关岭布依族苗族自治县、紫云苗族布依族自治县6个县区和安顺经济技术开发区、黄果树旅游区2个正县级派出机构。

新中国成立后，安顺政治、经济、文化建设取得巨大成就。特别是"三线建设"时期创下的工业奇迹，为今天贵州航空产业城建设奠定了坚实的

基础。1965 年 8 月，国家以安顺为中心建设贵州航空工业基地（011 基地），并在安顺设立 011 基地办事处。1970 年 9 月 18 日，贵州航空工业基地生产的首架喷气式歼击机在安顺机场试飞成功，标志着贵州航空工业基地初步建成投产。后来又生产了歼教 –7、山鹰高级教练机等著名机型，为国防航空工业发展作出了巨大贡献。"三线建设"改变了安顺工业发展格局，留下了丰富的工业遗产和精神财富，成为建设贵州航空产业城的有力支撑。

历史风云，波澜壮阔。如今，一个继往开来、赓续文脉的现代安顺正以雄迈之姿，续写时代新篇章。全市挖掘文化资源，发挥比较优势，聚焦"四大文化工程"，围绕"两城三基地"主战略，全力抓好安顺古城历史文化街区的改造提升，推进景城融合，使其成为一流旅游城市的文旅新地标。

虹山湖

安顺古城夜景

第二章　古城寻踪

　　安顺古城，宛如"一座莹白的石头城"。城内街巷民居多以石取材，光滑的石板路面微泛流光。贯城河蜿蜒流过，石桥古井隔水相映。两岸翠竹绿树之间，楼阁飞檐错落有致，柱础窗棂斑驳有痕。历史文化街区至今留存着明清历史风貌，一石一瓦、一物一景透露出"石上江南"的韵味，恰如"明朝版的清明上河图"。

1/ "石上江南"：钟灵毓秀品城韵

最早勾勒安顺城景的是三幅明代地图：载于弘治《贵州图经新志》的《普定卫地理之图》、嘉靖《贵州通志》的《普定卫图》、万历《黔记》的《安顺军民府、普定卫城图》，呈现了安顺建城时的结构布局。明代建城至今，城市面貌发生了翻天覆地的变化，但老城区的总体格局依然保存着，可以归纳为"两山一河"的山水格局，"一楼四门三水关"的主体框架，"三湾十八巷"的巷陌肌理。这一总体规划布局，营造了"崇文尚武"的城市根脉、官署众多的建筑风貌、牌坊林立的独特景观，"郡城八景"成为城韵风华。

西秀白塔

贯城河

▊ "两山一河"的山水格局

两山为西秀山和青龙山，一河指贯城河。

西秀山位于城区新大十字，建城时称"白虎山"，"山形蹲踞如虎"，上有石塔，始建于元代。青龙山与白虎山东西对峙，山势平缓。西秀山耸立于城中，浓荫苍翠，是这座城市的地标。

贯城河由东西二水入城交汇而成，流经城区，河上古桥横跨，有"一水映风月，九桥渡浮生"的胜景，被列为安郡八景之一，名"带水潆澜"。明成化年间（1465—1487）安顺第一位进士赵侃以此为题作五言诗一首："双引虹龙窑，潆纡漾绿漪。九桥烟雨合，万户景云垂。"万历年间《贵州通志》记载，贯城河沿河床有 20 砥，名为"永济砥"，以东、西水关为起始点，依次而南，至南水关终。每砥以一字命名，合起来为一五言绝句："云雨龙行处，文章风动时。混汲九里润，灵动万年期。"

钟鼓楼

"一楼四门三水关"的主体框架

一楼即为钟鼓楼,位于今城区老大十字,建城时被视为"五星归会处",居古城正中。钟鼓楼始建于元代,明清均有重修,清光绪时称"鼎甲楼"。以钟鼓楼为中心,呈十字状分列东、西、南、北四条大街。

四大街均有支路,较为著名的是顾府街,以夏国公顾成置府邸于此街而得其名。街内原有一井名顾家井,井旁有顾家祠堂,祠堂撰有"恩承北阙分三爵;功盖南邦第一家"楹联。另有牟家井,又称"沐家井",相传明初黔国公沐英曾建园林于此。故此,顾府街有"一街两国公"之美誉。

四门指东南西北四道城门,三水关指东、西、南三个水关。建城时,城墙周长 1400 丈(一丈约为 3.33 米),高二丈(后增至 2 丈 5 尺),宽 2 丈,垛口 2223 个,城门楼阁 7 座,小月楼 11 座。嘉靖三十一年(1552)副使廖天明在原土墙体的基础上以石垒筑。城门有 4 座:东为朝天门,南为永安门,西为怀远门,北为镇夷门。四门所建城楼分别为朝天楼、永安楼、怀远楼、镇夷楼。城门设月城,又称瓮城,半圆外凸,为明代城防构筑特点。除此之外,还建有西角楼、南角楼、东角楼。建三水关,均为城防津要。也建有水关楼,分别为东水关接津楼,西水关云津楼,南水关南津楼。

"三湾十八巷"。贯城河从东水关入城,与西水交汇后,穿过街区形成 3 个河湾,即三台湾、杨家湾、碧漾湾,然后顺势向南,形成独有的水环路转的街区景致。

儒林路和蔡衙街为古城历史文化街区的主要通道,自南向北横贯整个街区。

穿插于儒林路和蔡衙街的有 18 条街巷:铜匠街、大箭道、水洞街(状元街)、丁字街(杀猪巷)、望春台路、炮台街、李家花园巷、金匮街(玄坛街)、双眼井路、三台湾路、蔡衙街、黉学坝路、白菜园巷、东顺城街、上天梯巷、文庙巷(药王庙路)、黄古井巷、龙井巷。

安顺文庙

"崇文尚武"的城市根脉

"文"即安顺文庙，位于安顺古城历史文化街区中心。"武"即安顺武庙，位于城区老大十字。

"文庙""武庙"至今修缮保存完好，共存同一街区内，在全国也极为罕见，彰显了安顺崇文尚武的文化底蕴。

安顺文庙 全国重点文物保护单位，位于历史文化街区中心。为明洪武二十七年（1394），朝廷置普定卫儒学，宣德八年（1433）建普定卫学文庙，旨在传播儒学，"以怀柔而教化边夷之民"，也为解决屯戍军人子弟入学受教之需。1604年改普定卫学为安顺府学，称府文庙。明清两代历经重建增建，至张之洞父亲张锳就任安顺知府时臻于完备。安顺文庙的修建开启了黔中六百年的兴学历程，素有"黔中儒学圣殿"之称。

安顺文庙是西南地区较早建成的、保存最为完整的文庙。建筑群依缓坡而建，占地面积8750平方米。采用中轴对称的形制，布局严谨有序，有照壁、泮池、棂星门、大成殿等主要建筑。

安顺文庙

文庙享有"石雕艺术殿堂"的美誉，被称为中国现存最精致的文庙。大成殿前一对整石透雕的盘龙石柱，工艺精湛，堪称国内石雕艺术的精品。

安顺文庙以完整格局和高超的石雕艺术，成为今天研究西南地区儒家文化发展史和古代建筑史最好的实证。

安顺武庙 全国重点文物保护单位，始建于洪武十五年（1382）。安陆侯吴复建城之初即已筹建，早于文庙，位处城市中心，体现了安顺作为军事"卫城"的文化特质，尚武精神尤为浓厚。

武庙历史上多次建毁，现存的"文武圣神"牌楼式石坊、泮池、大殿、观音楼为清中早期建筑，占地4000多平方米。名称多次更换，有关王庙、关岳庙、府武庙等，寄托了郡人对关羽无限的崇敬。

武庙供奉关羽大帝的大殿等主要建筑。大殿中36根边长30厘米至40厘米的整石方柱高耸而立，其中两根石柱高10余米，极为罕见。武庙内立有"先烈之血，主义之花""血花园"两通石碑，是抗战时期安顺城军民同仇敌忾的体现。

安顺武庙

■ 官署众多的建筑风貌

城内曾有布政分司署、道署、府署、提督署等众多官署。

明代城内设有布政分司、兵备道分司等省派出机构。"布政分司在卫城内南,圆通寺右;兵备道分司在卫城内北,弘治八年兵备副使周凤建。"布政分司之设至今仍留名于布政街。兵备道即安平道,永乐二十一年(1423),贵州设四道,其中安平道按察分司设于城内。由此可见,从明初开始,就确立了今安顺在贵州西部的重要地位。

安顺府署在城西南老大十字附近,与崇真寺毗邻,清代历经多次重修

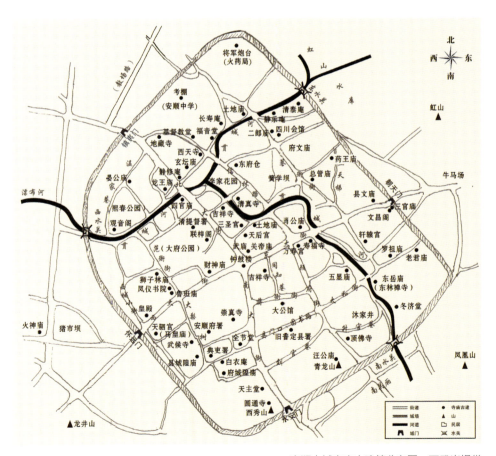

安顺古城寺庙古建筑分布图 丁武光提供

增扩，规模较大。

作为贵州军事指挥中心，清贵州提督署曾常驻安顺。提督署衙址即明代普定卫署，位于今中华北路大府公园一带。

▌牌坊林立的独特景观

明清两代，安顺牌坊以数量众多、形态缛繁闻名全省，如民谚所云："安顺的牌坊，镇宁的城墙。"据统计，郡城内外曾有牌坊88座，有功名坊、忠孝坊、寺庙坊、贞节坊、百岁坊等。每一座牌坊，都承载着一则故事。

安顺老牌坊

历史上安顺曾经有 3 座"进士坊"，分别为明天顺年间所出的安郡第一进士赵侃、弘治进士汪大章、嘉靖进士梅月立。

清道光年间，潘氏族人建坊于丁字街口，集潘氏明、清两朝成就者于一坊，冠名"潘氏乡贤坊"，题坊联云："三将军，三广文，三人同胞为教谕；九进士，九乡贤，九代相继作功臣。"

安顺老牌坊

安顺古城的营建，自建城之初起，从城的坐落方位、整体布局，到一山一水一木一石，无不一再考量。老大十字钟鼓楼，建城时被视为"五星归会处"。西秀山石塔，又称文峰塔，初建时有补培郡城风水之意。塔建成后，城市地形远近高低，相得其宜，在城市规划布局上体现了一定的合理性。

2/ 郡城八景：诗意中的"乡愁"

　　安顺古城坐落在山环水抱的盆地中，青山叠翠，绿水萦居，古木苍苍，屋舍、庙宇、石塔、亭台、楼阁、桥梁多依山傍水而建。人工建筑与自然风光巧妙结合，呈现出"人在画中居，人在画中游"的意境。迤逦的山光水色为文人名士提供了吟诗作对的绝好环境。安顺"郡城八景"久负盛名，是安顺风物的精华所在。八景分别为：笔峰耸翠、砚石濯流、高楼伴云、曲波泻月、星阁春暖、文笔秋阴、钟京旅店、花映文场。

安顺老风景　南门口

　　笔峰耸翠　"笔峰"，指的是林木葱郁的西秀山上白塔耸立的景致。石塔始建于元泰定三年（1326），远观如文笔插在西秀山山脚圆通寺上方，故有民谚称"一支文笔插圆通"。光绪年间安顺名士郭石农有诗云："何来大笔势摩天，塔见圆通望俨然。满同九霄沾雨露，挥从万象走云烟。钟王隶楷当头见，燕许词章信手传。秀启人文归间气，霓裳高咏会群仙。"

砚台濯流 虹山湖大坝附近有一块巨石，石板中间微凹，有河水流经

安顺老风景 清泰庵

其下。郡人认为此石与府文庙地脉相通，遥观则与形如"文笔"的西秀山白塔相对，犹如"文笔"之砚台，故谓之"砚台濯流"。清光绪年间，安顺名宿郭石农书镌"砚石"二字于其上，平添了不少雅趣。

清末文人有《砚石生香》诗云："砚以微凹聚墨多，砚山片石竟如何。池飞花点香弥远，篆结苔文古不磨。座有奇珍佳士赏，田无恶岁老农歌。只今铜雀漳台瓦，笑杀阿瞒一醉酡。"

高楼伴云 "高楼伴云"中之高楼有两栋，一是"贺雨楼"，另一为"伴云楼"。两楼均位于城区中华西路安顺府署内，清道光三十年（1850）知府常恩建。高楼四面凌空，登楼俯瞰全城，山川房屋，一览无余。在楼上凭栏眺望，但见成片的郡城房舍瓦片像鱼鳞一样铺陈，街巷纵横交错；远望，山川田原历历在目，尽收眼底。

曲波泻月 安顺城内贯城河，自清道光二十八年（1848）知府胡林翼疏浚后，两岸皆用石块加以修砌。从此，河水畅流无阻，清澈见底。桥梁

安顺老风景　碧漾湾

与河流交相辉映，曲径通幽。波光粼粼，树影摇曳，水波荡漾，柳絮飘舞。两岸翠竹绿树之间分布着寺庙、道观、亭台、楼阁。

小桥流水人家的景致，如一幅山里江南的画卷，留下"花覆亭前，水流石下。云飞天外，人在镜中"的佳句。

星阁春暖　"星阁"即文昌宫，位于城内东门坡，建于清嘉庆二十一年（1816）。

文昌宫落成后，飞檐凌空，攀星摘辰，安顺城中科甲日盛，仕林人杰不断涌现，郡民皆趣说这与修建文昌宫有关。一时间，文昌宫内"春晖在望，文士伙集"，文人雅士们常常聚集到这里吟咏诗文，议论学问，景仰前贤。知府张经田撰联：

星阁凭临，蔽万千间寒士厦；

人文炳蔚，现十七世大夫身。

文苑秋阴　指安顺城内西街凤仪书院，因周围秋日景色优美而得名。书院于清道光二十一年（1841）建成，当时地势雄峻，北望可观欢喜岭一带山脉。

安顺老风景　东门坡

凤仪书院是清代安顺人文蔚起之地，文化厚重。"凤仪"名之取自《尚书·益稷》"箫韶九成，凤凰来仪"之典。书院开馆之后，学子云集，书声琅琅，一派新气象。人文与自然景观的叠加，让这里成为人们赏景和瞻仰之地。清时有联句赞云："远望溪山，云霞竹树三千里；俯看城郭，烟火楼台十万家。"

安顺老风景　钟鼓楼

钟惊旅店　安顺钟鼓楼，清光绪时称"鼎甲楼"。三层楼有钟鼓各一个，晨钟暮鼓。每逢农历初一、十五撞钟击鼓，如遇火灾也要撞钟警示。钟鼓楼居于城中心，商旅往来，附近旅店集中，故有"钟惊旅店"一景。

清代文人陈庆升在《钟鼓楼记》这样描述："晨钟暮鼓，惊觉人心，立地通天，巍然垂镇。"

清光绪时知府汪仙圃题联于其上："秋月挂雕弓，破碎山河谁作柱；春风吹玉带，清明时节我登楼。"清人郭石农亦有诗云："甲楼高耸压当中，南北东西十字通。引越控黔声教讫，襟滇带楚往来同。才人据坐呼明月。游子作歌唱大风。自是五星归会处，黔州佳胜此为雄。"

花映文场 "文场"，即学政试院，俗称"考棚"，为今安顺一中前身。试院于清嘉庆九年（1804）始建，道光三十年（1850）知府常恩出资购买附近民居扩建。院内古木曲虬，堂舍俨然，种植有古梅、碧桃、翠竹、苍松等许多植物，与古槐树相互辉映，鸟语花香、风景宜人，便有了"花映文场"的美誉。

清代学使杨雪渔有题联："相地理则迁之，耀人文则葺之，两阅六十年，竟符定数；救时艰在能者，维世教在贤者，一飞九万里，各奋前程。"

安顺老风景　安顺一中老槐树

3/ 商贸繁盛：黔中"旱码头"

　　明代，安顺一地广设卫所，屯堡绵延。明廷整治驿道，驿传制度更为健全，交通条件大为改善，在一定程度上打破了黔中地域封闭落后的状态，为商贸发展创造了有利条件，安顺逐渐成为滇黔驿道上的重要枢纽。到明代中期以后，安顺已是贵州最大的商贸集散地之一。

　　清代人口大幅增加，耕地面积扩大，农田水利建设加快，耕作技术改进，农业出现了较大发展。《黔南识略》记载：安顺"地势平坦"，府属不少州县，"原田每每流泉灌溉"，出现"产米颇丰，民食所余，尚供邻封贩粜"的状况。各州县厅均出产棉花。茶叶以普定的朵贝茶、镇宁的白沙

晚清安顺街景

茶为上品，一直是贵州的土贡之一。清朝光绪年间，种茶又有了发展，是重要的出口物资。安顺的农副产品在晚清形成具有一定名气的土特产。

咸丰、同治年间，手工纺织作坊遍布郡域城乡。安顺的商贸以布匹为主，民间买卖棉花的集市最为繁盛，从安顺城到各县市场皆设有花街，为买卖棉花之定所。清代中后期，省外商户进入安顺，促进商业日盛，主要有湖南、湖北、广西、广东，云南的客商，道光时已遍及府域。

光绪初年，两湖、两广商人也联翩而至，不仅省外之货纷至沓来，东洋、西洋外货也渐输而至，洋纱进入安顺，销行益广，辐射至安顺各县。到了光绪朝中期，外省通向安顺的商路有 6 条之多，安顺商贸中心的格局逐渐形成。外商的进入，形成各类行业商号。饮食业、日杂百货业、医药业、典当业、钱庄等如雨后春笋。这时的安顺城"四通八达，商贾辐辏；纱罗绸缎，光怪陆离；洋货匹头，争奇斗异；商业之盛，甲于全省"，成了名副其实的"旱码头"。此时鸦片的行销，一定程度地刺激了商业发展，但也带来巨大的危害。

民国时期，安顺商贸交易总值仍为全省之冠。这一时期，出现了一批名牌商号，著名的有恒丰裕（后改泰丰）、恒兴益、公长合、天福公等。为了适应商业贸易的需要，出现了同业公会。省外商家也先后成立同乡会，安顺城内有湘鄂会馆、两广会馆、四川会馆、福建会馆、江西会馆等。

1930 年，安顺城计有洋纱店 35 家、京果店 35 家、绸缎店 27 家、土布匹头店 48 家、杂货店 30 家、山货店 12 家、药材店 19 家、米店 40 家、油店 30 家、钱庄 8 家。伴随着地方工业、交通、金融的发展以及农副产品商品化程度的提高，安顺商业进入了现代行业管理、垄断竞争的时期，一步步走向全省，走向全国，乃至走出国门。

第三章　古城新韵

"一部安顺史，半部在古城。"

安顺城是贵州建成较早的"大明卫城"。今天的"安顺古城历史文化街区"，已成为浓缩人文底蕴的文化地标。贯城河穿街而过，潆澜带水，井桥相映。沿岸分布着各式民居院落、庙宇祠堂、商号铺店，透露出浓郁的大明余韵、江南风情，如同"明朝版的清明上河图"。

街区位于安顺古城东北部，以东街和北街为西南界，东边抵虹山湖路，北边抵金匮街（玄坛街）、双眼井路。北向适当扩充，包括王若飞故居、双眼井路沿街、水洞街部分、大龙井灵泉寺（龙王庙）等。街区面积35万平方米，约占明清安顺老城范围的五分之一。

街区范围内分布有各级文物保护单位11处（其中全国重点文物保护单位3处）、历史建筑150余处，这在全省各地历史文化街区中均属罕有。

1/ 文昌武绍的文化底蕴

安顺古城历史文化街区是安顺文脉所系。儒林路贯穿其间，学宫、书院集中，有王若飞故居、安顺文庙、安顺武庙 3 个全国重点文物保护单位，汇聚了帅灿章故居、戴氏老宅、谷氏旧居等诸多文物建筑和历史建筑。

▍儒林路

儒林路分为三段，由城区小十字入口往北，分别叫"铜匠街""大箭道""水洞街"。铜匠街曾是铜匠铺最为聚集的地方，大箭道为科考武童生号马比试的地方，水洞街有城北河水入城的城墙洞口。故三街各得其名。

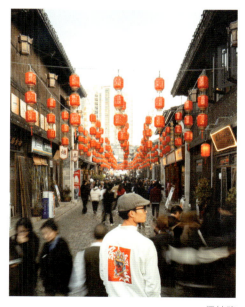

儒林路

《续修安顺府志》记载，儒林路得名于民国时期，这一清雅之名有三层含义：一是该路通过毗邻相连的黉学坝，可达安顺文庙；二是儒林路一段贯城河上有三元、崇文、化鲤三座桥，寓意重视文化教育；三是路北为安顺科考之地。"儒林"寓意安顺士林俊秀发祥之地。

儒林路是"茶马古道"上南来北往商旅歇脚的重要驿站。新中国成立前，这里汇集了福建会馆、江西会馆、四川会馆等；新中国成立后，安顺的手工业、商业主要集中在这里，成为安顺的核心商圈。至今沿街铺面还保留着明清特色，铺面后的民居院落，是融合江南风格与本地特色的石木建筑，传递着古色古香的"明风淮韵"。

王若飞故居

王若飞故居，全国重点文物保护单位、全国爱国主义教育示范基地，位于中华北路，始建于清代，是老一辈无产阶级革命家王若飞幼年居住的地方。故居由临街大门、过道、垂花门、正房、厢房、影壁等建筑组成，占地面积约 1900 平方米。四合院布局讲究，精巧别致，白墙黛瓦，院落宽敞静谧，其建造技术体现了安顺清代民居建筑的较高水平。

为更好地展示和缅怀王若飞同志光辉事迹，2006 年，故居旁建设了王若飞故居陈列馆。建筑风貌与故居融为一体，2009 年正式对外开放。

王若飞故居

县学宫

县学宫（原普定县学宫），市级文物保护单位，位于安顺城东门坡（原安顺市二中），建于清康熙四十一年（1702），县学宫建设规模略小于安顺文庙，现存棂星门、大成门及大成殿等主要建筑。其云龙石柱、柱础、枋桁等雕刻工艺独具匠心、别具一格，体现了安顺古代建筑雕刻艺术的高超技艺。

县学宫

凤仪书院

凤仪书院，市级文物保护单位，位于安顺中华西路（今凤仪小学内），建于清道光年间，为科举时代安顺学子读书、讲习之所，尚存讲堂一栋。清光绪变法，停科举、改书院、兴学堂，凤仪书院改设为"安顺府立两等小学堂"，开安顺近现代教育先河。清知名学者周之冕等在此讲学，培养了大批郡人才俊。

凤仪书院

2/ 兼收并蓄的城市记忆

安顺历史上不同地域、不同行业的人们汇聚于此，各种文化相互交融。自建城以来，城中的庙宇祠堂不胜改举，成为不可或缺的历史记忆。

▋ 崇真寺

崇真寺，省级文物保护单位，安顺三大寺院之一，位于城区老大十字西南侧，为明洪武二十九年（1395）顾成始建，原名崇真观，"崇祯五年，僧真兴重修，改名崇真寺"。

历史上崇真寺建筑群中轴对称，建筑规模庞大，为雄崎郡城中的三大寺庙之一。现存四合院坐北向南，建筑用材大气规整，营建技法特别，石作工艺讲究。

崇真寺图 郭秉红 绘

西秀山白塔，下为圆通寺

圆通寺

圆通寺，省级文物保护单位，安顺三大寺院之一，位于城区西秀山脚，始建于元至元十一年（1274），历代均有扩修，是安顺城内历史最早的建筑之一。其主体建筑坐南朝北，大雄宝殿石木结构梁架历经400年尚在使用，其上留存有"崇祯柒年季春吉旦""安顺营信官欧伦士善施大梁一根庀叁仟"题记，至为珍贵。寺后山上有西秀山白塔，始建于元泰定三年（1326），被收录在中国古建专家罗哲文先生编著的《中国古塔》。圆通寺、西秀山白塔与大十字原钟鼓楼号称安顺城建城前三大元代建筑。

东林寺

东林寺

东林寺，县级文物保护单位，原名"东岳庙"，安顺三大寺院之一，位于贯城河畔太和桥旁。明永乐十一年（1413）指挥使顾兴祖建。

经过多次的扩建和修缮，东林寺最终形成了依山势层层而上的规模。寺庙建筑高低错落，精妙绝伦，展现了独特的建筑艺术，承载着历史的厚重。

清泰庵

清泰庵，县级文物保护单位，位于虹山湖大坝东南侧，始建于明嘉靖五年（1526）。清泰庵地接城垣，门临清溪，竹木苍翠，景色宜人。山门为石垒，内有小院，循石阶而上。因地处幽僻，有都市山林之雅，历任主持多有文才，与安顺文士多有交游。光绪年间安顺名士郭石农、何威凤曾于此设帐授徒，故而声名播扬。

▌梅氏宗祠

梅氏宗祠在安顺府文庙东侧，建于清代。梅氏为安顺望族。明洪武十四年（1381），其入黔始祖、陕西三原人梅忠奉调南征至此，以军籍落户安顺，直到第五代完成由"武功世袭"向"以文传家"的转型。安顺梅氏在明清两代科甲累世，共有举人28人、进士4人。历史上出过许多名人，如梅月、梅建等。梅建《重订马氏等音》是古代音韵学重要典籍，是贵州入选《四库全书》的仅有的两部私人著作之一，另一部为平坝陈法所著的《易笺》，均出自安顺。

梅月塑像

3/ 碧水萦城：九桥烟雨合

明代，在安顺城区贯城河上，横跨有9座石桥：城东北虹山湖大坝溢洪处至李家花园，依次有化鲤桥（又名陷马桥）、崇文桥（又名抄纸桥）；城西西水关至李家花园，依次有普济桥（又名大桥）、双桥（又名二桥）、四官桥（又名奋武桥）；李家花园至南水关，依次有太平桥、三元桥（又名新桥）、东安桥（又名东门桥）、泰和桥。明成化年间（1465—1487），安顺第一名进士赵侃为郡城八景题诗，以"九桥烟雨合，万户景云垂"形象地描述了昔日九桥卧波、烟合云垂的美景。

从桥的名字能体会这座城市对文化的敬畏。其中，化鲤、崇文、三元这三座桥环绕着文庙，因此也有"三桥拱卫府文庙，六龙拱圣黉学宫"的说法。科举时代，考中功名，可谓"化鲤成龙""鱼跃龙门"。科举考试中的乡试、会试、殿试第一名分别是解元、会元、状元，连中三元可以说是读书人的梦想。文庙周边的三座桥以化鲤、崇文、三元为名，以此激励学子们刻苦攻读，奋发成才。

如今，立于历史文化街区的有7座古桥，分别是化鲤桥、崇文桥、合和桥、太平桥、三元桥、古井桥、东门桥。相邻街区的有四官桥。保存较好的古井有大龙井等。

▍化鲤桥

化鲤桥又名陷马桥，建于明嘉靖年间，东水入城第一桥，传说为项姓与马姓的居家人出资修建，称"项马桥"，民间讹称为"陷马桥"。此桥向

化鲤桥旧景

贯城河旧景

三元桥旧景

二桥头旧景

合和桥

化鲤桥

崇文桥

合和桥

太平桥

三元桥

古井桥

东门桥

四官桥

南通往文庙（府学宫）正门，桥名寓意"化鲤成龙"。

▌崇文桥

崇文桥又名抄纸桥，建于明嘉靖年间，位于三台湾处。此桥北连水洞街，南接大箭道。崇文桥北有考棚（今安顺市一中），桥名"崇文"体现了尊儒重教，也有期盼家乡代出俊秀之意。

▌合和桥

合和桥又名双溪桥，位于李家花园。流入城内的东、西两条河水在此汇合。光绪二十一年（1895），李盛清任安顺知县，疏浚贯城河，在二水汇流处筑堤，以缓解水流冲击。《安顺府志》记载，清朝有对李家兄弟争夺家产反目，告到了县衙，在县太令调解下最终和好如初，用家产共同出资修建了这座象征兄弟和睦的合和桥。

▌太平桥

太平桥建于明宣德年间，位于合和桥与三元桥之间，通过炮台街与北街和大箭道相连接。《安顺府志》载"太平桥在提署前"。有清真寺在旁。

▌三元桥

三元桥又名新桥，建于明嘉靖年间，位于儒林路前段，桥接铜匠街与大箭道，东依府文庙，北邻学子考棚（今安顺市一中）。乡贤期望地方才俊蟾宫折桂，振兴乡里，故谓"三元桥"，寓"连中三元"之意。

▌古井桥

古井桥又名牯井桥，建于清道光年间，位于东门桥与三元桥之间。桥下有安顺"十大名泉"之一的黄牯井泉，故而得名。昔日泉水奔涌而出，声若牯牛鸣叫。一口井就是一口泉，民间常说安顺城内有九十九口井，再加上城外的一口，安顺共有一百口井，为此安顺素有"百泉之城"美称。

▮ 东门桥

东门桥又名东安桥，建于明万历年间，位于郡城东，桥跨贯城河，连接东门坡与东街道路，在古城历史上有着重要的交通地位。民国时为通行汽车，于桥旁添建一座新桥。今将两桥拆并为一通车平桥，仍称"东门桥"。

▮ 四官桥

四官桥又名奋武桥，建于明嘉靖年间，位于郡城北大街。明万历年间徐霞客在其游记中所记的"南半里，有桥"即指奋武桥。

▮ 大龙井

《安顺府志》载："在城内北隅西门河旁，源远流长，味极甘美，城中泉品此为第一。"旧时，周边居民皆取水于此，至今井后牌坊上还留有"井养不穷"四个大字。有人将此名泉与西湖龙井媲美，留下"抛得杭州未能去，枯肠怅触井眉名"的佳句。井后有龙王庙。城中居民一向把此井视为命根子，对周围环境十分爱护，至今附近还有热心的护井人。

此外，历史上还有一些知名古井。如双眼井，《通志》记载，"双眼井左边的井水颜色红，右边的井水颜色白"；五眼井，有五个井口，都被井绳勒出深痕，曾是妇女们洗衣洗菜话家常之地；四方井，位于水洞街口至崇文桥北端接双眼井拐角处，临贯城河沿，以石垒成方形成井，因名；胭脂井，初见于清乾隆《贵州通志》，其称"又习安胭脂井，炊稻饭成桃花色，鲜妍可爱，故得名"。

贯城河

4/ 又见大明：食玩在古城

安顺是一座美食之城，民间素有"贵阳的穿着，安顺的吃喝"之说。

明清时期，屯堡军民与南来北往客商云集安顺，各种饮食菜系汇聚交融，催生了独特的饮食文化，主要有家常菜系、汤锅系、小吃"过街调"等。家常菜系以屯堡菜为代表，"屯堡八大碗""屯堡军帐宴"已成为美食招牌。屯堡菜与淮扬菜颇有渊源，既有便于战时携带的特点，又有贵州山间坝子所衍生出的风味。汤锅系有牛肉火锅、青椒鱼火锅、蹄花火锅、清汤鹅火锅等。"过街调"则是种类繁多的风味小吃。

凭借"味道为王"，安顺美食除央视和地方媒体多次推荐外，在抖音、小红书等平台也爆火。

屯堡八大碗　即以军屯宴为代表的屯堡菜系，包含八道传统菜肴，如腊肉血豆腐、灌汤猪脚、旧州鸡辣子等，体现了屯堡饮食文化的特点。

破酥包　以松软多层的面皮和咸鲜馅料著称，尤其三鲜包（鲜肉、豆沙、引子混合馅）被重点推荐。

安顺裹卷　以薄透的米皮包裹酸萝卜、折耳根等配菜，搭配多种辣椒酱料，被称为"入门级必尝美食"。

夺夺粉火锅　以米豆腐为主料，需用竹签"夺"（戳）起食用，如今已成为全国各地游客竞相打卡的安顺网红美食。

小锅凉粉　砂锅煮制的米凉粉，加入腐乳、水豆豉等调料，独特的"臭香"风味让人欲罢不能。

屯堡烤小肠　小肠以炭火烤制，外酥内嫩，搭配折耳根蘸水，成为夜

豌三粑

小锅凉粉

破酥包

牛肉粉

豆腐圆子

卷粉

砂锅饭

裹卷

鸡辣子

油炸鸡蛋糕

荞凉粉

油炸粑稀饭

冲冲糕

丝娃娃

清明粑

松糕粑

甜酒粑

水晶凉粉　冰浆

市的标配。

丝娃娃 以面皮包裹豆芽、折耳根、海带丝等佐料，浇上秘制蘸水，风味十足。

油炸粑稀饭 以金黄酥脆的油炸粑搭配甜糯稀饭，被推荐为传统早餐代表。

荞凉粉 刮成丝状或块状的荞麦凉粉搭配红油腐乳，因口感爽滑成为夏季解暑热门小吃。

冲冲糕 由荸荠粉冲制后加入红糖和花生碎，是吸引食客的经典甜品。

著名作家、书法家戴明贤先生关于安顺粉面的描写也极为生动：

鸡丁干粉（面）、肠旺面（粉）、羊肉粉等特殊品类之外，常品分汤、干二类，每类又分高、低两档。低档称"行面（粉）"，浇头为脆哨；高档称"炀面（粉）"，脆哨外有香菇肉片之类。此"行"字在安顺话中近于"简陋""单薄""不结实"等义。

旧时面馆体貌古朴平和，简单洁净。店堂临街设大灶。后设方桌条凳，均白木本色，每晚用煮面剩水洗刷，纹理凸出如浮雕。顾客进门，堂倌吆喝："照客几位？"坐定后先上清汤开胃。汤内豆苗青青，血旺浅紫，葱花白绿，色味具佳。食面时可索"小菜"为佐，有凉拌绿豆芽或凉拌"冲菜"（辣菜）任选。面馆堂倌喊堂（吆喝）自成套路，有明语暗语两类。明语听即懂。比如："照客二位！汤面、干面合荞。汤面汤宽减条，干面红重免青"之类。暗语则有如黑话，如地久天（肠）、六畜兴（旺）、牛头马（面）、胭脂花（粉）、太子登（鸡）、毛焦火（辣）等等，均取贵州四字成语隐去末一字，即以此字谐音取义。

到古城街区，寻幽访古之余，最诱人的莫过于尝尝这些名目繁多的风味小吃。

为了更好地展现明清风貌、石上江南的特色，安顺古城历史文化街区

夺夺粉火锅

对旧有建筑进行了修缮提升，融合了历史文化积淀与浓郁鲜活的市井气息，形成了古老而有新意的城市文化空间。

艺术粮仓坐落于安顺"三湾十八巷"中的三台湾，是清代粮仓东府仓旧址。20 世纪 50 年代也在此建有粮仓，现今以此为基础进行艺术改造，成为展示安顺文化和艺术的重要窗口。

古城电影院坚持复古基调，以安顺"新桥电影院"为原型，在粮仓旧址上改建的两层建筑，占地面积为 420 平方米，含影厅、休闲区、售卖等空间。

安顺记忆馆凝聚了安顺从古至今的经典记忆，既是时间的样本，也是艺术活化使用综合体，融展示、交流、文创、体验为一体。

钟书阁书店也由旧时粮仓改建，建成后便成了安顺历史文化街区的文化地标之一，占地面积 600 多平方米，分为上下两层，空间感和设计美感独具匠心，有图书万余册，堪称安顺古城的人文客厅。

习安坊得名于安顺古称"习安"，将打造为沉浸式体验大明风情的文旅综合体。

安顺古城历史文化街区，正以历史为幕，时光为笔，书写安顺文旅崭新篇章。

潮玩古城

潮玩古城

1847年，处于黔之腹
版的《中国·贵州·

1848年，安顺转转场的

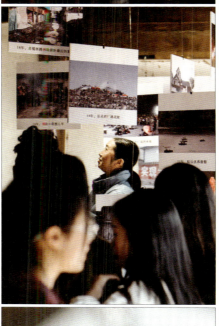

老盤江果黔地東距永
寧屬出吐蕃延鳥撒卷七
里閩鹽水而下邁粵西雨
廣南為武侯南征玉蠻
山卽此地也夏秋水漲甚色
紅徐奇鴻有韓雪村石
磬行善不陽望洋而歎
勝朝万伯朱伯征鐵威興
陝功巨債填与伏波
銅柱并垂竹陸入陛身
當日由陸入陛身
忘行路之難令令迴
懷辰此馬星
兩公老生臺釣海
南子六月黃尚堅
重卉題記

第四章　古城往事

随着明朝卫所的建立，安顺逐步形成了规制完备的官学体系，再加上半官半民的书院，儒家文化广泛传播，地方教育堪称发达，形成了重视教育的深厚传统，不少屯军官兵的后裔通过科举之途，逐步实现了从军功之家向科举入仕的转变。

安顺文教蔚兴、人才辈出，走出了众多革命志士、文化名人、商界英才。

据统计，明清两代，安顺有进士74名，举人718名，解元13名。一代名师周之冕因培养贵州省第一个状元赵以炯而被称为"状元之师"。

1/ 黔中英杰

▍革命先驱王若飞

王若飞（1896—1946），号继仁，因工作需要曾化名黄敬斋。生于安顺，八岁随舅父黄齐生到贵阳达德学校学习，受"万里赴戎机、关山度若飞"影响，更名若飞。1918 年赴日留学，次年赴法勤工俭学，1922 年与赵世炎、周恩来等人发起成立旅欧中国少年共产党，同年经胡志明介绍加入法国共产党，次年转为中国共产党党员。回国后，王若飞先后担任中共豫陕区委书记、中共中央秘书部主任等职。1931 年在包头泰安客栈因叛徒出卖不幸被捕，后经组织营救出狱，同年 8 月到达延安，先后任中共

王若飞故居陈列馆

陕甘宁边区宣传部部长、统战部部长、中央秘书长、中央党务委员会主任等职。1945 年，参与"重庆谈判"。1946 年 4 月 8 日，王若飞与秦邦宪、叶挺、黄齐生等离开重庆返回延安，因飞机失事不幸遇难，时年 50 岁。同机遇难 13 人，史称"四八"烈士。2009 年，王若飞被评为全国"100位为新中国成立作出突出贡献的英雄模范人物"之一。王若飞的一生践行了"一切要为人民打算"初心和理想。

▋大山之子陈曾固

陈曾固（1907—1988），原名文光，号俊民。生于安顺，后随家人进入安顺城中居住读书，后入北平朝阳大学经济系学习。1931 年陈曾固在北平加入中国共产党。1933 年因内奸告密被捕，1937 年经党组织营救出狱。先后任中央财政经济部秘书长、中央直属机关党委书记、武汉市委副书记等职。1950 年调任贵州省委副书记兼人民政府副主席、代理主席，主持黔政事务。后调任教育部副部长、党组副书记及甘肃省委书记处书记、省委书记，并先后担任教育部顾问、全国人大代表、人大常委会法制委员会委员和六届全国政协委员等职。

▋教育家黄齐生

黄齐生（1879—1946），名禄祥，号青石。生于安顺，是我国近代教育家，爱国民主人士，曾参与创办贵阳达德学校，后出任达德学校校长。1918 年亲率达德学校学生王若飞、刘士岳、谢六逸、李叔元等东渡日本留学。次年在法国结识蔡和森、罗迈、李富春等人，进一步接触马克思主义。回国后，黄齐生从事教育和革命工作，1937 年赴延安考察解放区，受到毛泽东的亲切接见。1946 年 4 月 8 日与王若飞、秦邦宪、叶挺等一起从重庆赴延安时，因飞机失事不幸遇难。

布依英雄陆瑞光

陆瑞光（1901—1937），生于安顺镇宁，布依族。曾高举义旗，组织人马，公开反抗军阀官府的兵夫粮款，深受农民拥戴。1935年4月16日，为确保红军顺利通过少数民族聚居区——镇宁沙子沟弄染寨，顺利抢渡北盘江，红三军团军团长彭德怀、政委杨尚昆通过深入开展统战工作，与该区域布依族首领陆瑞光，在弄染寨签订"作战协定"，史称"弄染结盟"。

此后，陆瑞光在红军帮助下，找到地下党组织，根据党的指示，在镇宁、关岭、紫云边区发动组织群众，建立革命根据地。1937年，陆瑞光被国民党杀害于贵阳。1989年，贵州省人民政府追认陆瑞光为革命烈士。

抗日两名将

柳树人（1905—1942），字中华，生于安顺。毕业于安顺一中，后考入黄埔军校第五期学习。曾随戴安澜将军参加北伐战争。抗战爆发后，跟随戴安澜先后参加了保定、台儿庄等战役，屡立战功。1939年柳树人升国民革命军二〇〇师补充团副团长，随军调防安顺，并入缅抗击日军。1942年遭日军伏击，柳树人壮烈牺牲，被追认为少将。2015年，柳树人被民政部追认为著名抗日英烈。

陈蕴瑜（1900—1938），字怀珍，生于安顺平坝。早年考入贵州讲武堂第二期，毕业后在黔军中服役，曾任国民革命军第二十五军上校参谋、第三师副官长以及黔西、思南等县县长。1937年抗战爆发时，陈蕴瑜任国民党政府军陆军第八军第一〇二师第三〇四团上校团长，奉命率部奔赴抗日战场。1938年5月率部参加徐州会战，与数倍之敌激战两昼夜，英勇牺牲，被追认为少将。2015年，陈蕴瑜被民政部追认为著名抗日英烈。

2/ 人文风流

▌赵侃　安顺进士第一人

赵侃（1423—1481），字至刚，安顺人，祖籍为姑苏嘉定，明洪武初，其曾祖赵文政从戎征南，留成普定卫。赵侃为明景泰元年（1450）举人，天顺八年（1464）进士，是安顺历史上第一位进士，也是贵州建省后第一位位列九卿的官员，对安顺学风具有首先之功。历官吏科给事中、升都给事中、通政司右通政。

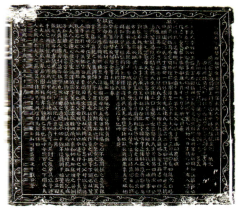

赵侃所撰郭贵母李氏墓志铭

▌梅月　官有清声传家久

梅月，字双清，安顺人，祖籍为陕西三原。明正德十四年（1519）举人，明嘉靖五年（1526）进士，历官云南府知府，官至川南道宪副，授奉直大夫，累授中宪大夫。官有清声，民间有谚云："操如梅，明如月，双清那可得。"其子梅惟和为明嘉靖三十八年（1559）进士，官居御史。梅氏诗书传家，科甲累世。

梅月双清压胜钱

▌牟应绶　百年流誉连平州

牟应绶（？—1639），原名应寿（或绶），字子咸，又名元善，安顺人，明崇祯三年（1630）恩贡。曾任广东永安县令（今广东省河源市紫金县）、连平州（今广东省河源市辖连平县）知州。崇祯十二年（1639）卒于任所。他任职期间"清文巢田、兴学设兵、是务毕兴、严明兹惠、循良着绩"（见《连平州志》），深得百姓爱戴，建"牟爷祠"祀之。后连平州治所在镇，因其名改称"元善镇"。时至今日，四百年来，在广东连平、永安一带，牟爷祠香火不断，牟应绶仍被视为百姓福祉。

▌娄九德　出掌云南布政使

娄九德（1566—1632），字廷虞，安顺人。原籍浙江嘉兴，先祖明初入黔。明万历三十五年（1607）进士，以工部郎外放山东莱州府，值岁

娄湖

大饥，多方赈救，全活者众。后升仁广西副使、云南布政使。为官端直，颇有政声。毕生清操素节，爱民如子，始终不渝。

▌梅建　政清学博订《等音》

梅建（1645—1722），字怀芝，号岷熊氏，安顺人。清康熙二十一年（1682）举人。曾任山西高平知县、署理泽州知州，升江南泗州知州等。每到一地，清正廉洁，建庙兴学，兴利除弊，一以民生为念，民间有"梅来百里春"之谣。康熙四十九年（1710）引疾归。所著音韵学著作《重订马氏等音》收入《四库全书》，分曰外集各一卷，"内集"主要讲授方法和技巧，"外集"阐释马氏等韵原理，为学界所重。另有《益老堂诗集》《常棠》等若干卷，今仅《壶山集》存世。

▌陈法　理学名臣著述丰

陈法（1692—1766），字世垂，号圣泉，晚号定斋，安顺人。清康熙五十二年（1713）进士，为平坝进士第一人。历任刑部郎中、直隶顺德府

（今河北邢台）知府、山东登州知府，乾隆时调任河东运河兵备道护理总河（即河督），主持治河事宜，后调直隶大名道。其间因言被谪十六军台效力。返乡后任贵山书院山长，掌院十余年，年七十五而卒。陈法为贵州历史上最早扬名海内的理学名臣，被尊为儒学宗师。其著述甚丰，代表作《易笺》收入《四库全书》，余有《河干问答》《塞外纪程》《内心斋诗集》《犹存集》《醒心集》。

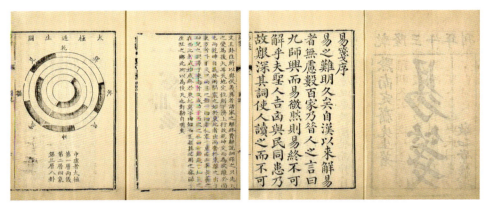

陈法《易笺》

▌周之冕　博学鸿儒状元师

周之冕（1824—1889），字蘘庭，号文轩，安顺人，清代著名的学者、教育家。他自幼天资聪慧，清同治六年（1867）举人，同治十年（1871）进士，后补直隶知县。他曾主讲于贵阳贵山书院、安顺凤仪书院，学博行端。以育才为本，积平身所学，致力于家乡文化教育的发展，营造了一个难得的文化环境。培养出进士黄桂鋆、姚大荣、胡嗣芬，书画名家何威凤等众多才俊。他还是贵州历史上第一位文状元青岩赵以炯的老师，被誉为"状元之师"。

周之冕故居

■ 刘春霖 督办滇越界务

刘春霖（1840—1913），字润民，安顺人。清同治六年（1867）举人，次年进士，入翰林院，授编修。历任云南三地知府，南防统领兼督办滇越界务、专差按察使、布政使等职等。但督办滇越界务时，面对外国势力，坚决维护国家主权，勘界时，依照历史址界，做到了寸土必争，树立界碑。在《清代贵州名贤像传》中，刘春霖被列为"贵州名贤"。

■ 郭石农 一代名师传风雅

郭石农（1844—1928），名临江，字春帆，别号石农、砚石山农等，安顺人。清同治九年（1870）中副榜举人，后屡试不第。除晚年获选思南训导及安化（今德江县）、印江县教谕外，终生以塾师为业，民国初曾受聘到幺铺任教，后被聘为安顺中学（今安顺市一中）教席，门墙桃李，一时称盛。其工诗擅书，对安顺古迹胜景，多有题咏。遗著有《浓花野馆诗抄》《围炉絮语》《思南吟草》等。年八十四而卒，葬金钟山南麓。

何威凤　"北龙南凤"誉京师

何威凤（1853—1918），字翰伯，号东阁、藻篁，别号七癖、药嫦、梅芬、药道人等，安顺人。清光绪十一年（1885）中举，后两次会试不第。寓居京城时以书画为生，有"北龙南凤"之誉。帝师翁同龢以其才高，荐之于庆亲王，不用。贵州状元赵以炯呈慈禧杭扇一柄，请何威凤画桃柳图并题诗一首，中有二句云："柳色青于名士眼，桃花红似美人心。"慈禧赏之，赞曰："文雅风流，当代无双。"何威凤天资颖异，才华冠时，以诗、书、画三绝称引一时。

何威凤《凤之自写真图》

姚大荣　著述等身勤笔耕

姚大荣（1860—1939），字丽叔，号芷澧。清光绪九年（1883）进士，安顺人。历官内阁中书，起居注主事，刑部主事，学部图书局行走，大理院推事等。辛亥革命后，住北京，专事著述。姚大荣博学多艺，著述等身。经史子集，无不贯通。遗著达百万字之巨。有《西王母国故》《唐律讲义》《墨缘汇观撰人考》《惜道味斋事集》《马阁老洗冤录》《木兰从军时地表微》等。其中《墨缘汇观撰人考》《宝穰室收藏书画志略》《董北苑画法表微》《辨吴渔山与王石谷绝交事》等均为收画史论著。

任可澄　民国《贵州通志》总纂

任可澄（1878—1946），原名文荣，号自清，别号匏叟，安顺人。光绪二十九年（1903）举人。早年创办贵州近代新式教育。辛亥革命后，任大汉贵州军政府枢密院副院长。1915年12月，任可澄与蔡锷、唐继尧等联名通电全国　发表讨袁檄文，组织护国军讨伐袁世凯。1920年被推为贵州代省长。1926年任国民政府教育总长。1917年始致力于《贵州通志》纂修，任总纂。

█ 杨恩元　方志专家重文教

杨恩元（1875—1952），字覃生，别号三不惑斋主人，安顺人。近代著名学者、诗人、文史专家。出身安顺世家，清光绪二十年（1894）举人，二十一年（1895）进士，授礼部主事。戊戌变法后致力于地方文教事业，会同任可澄等成立了续修贵州通志局。后继任《贵州通志》总纂，主持修志事务。杨恩元还主持编印了《黔南丛书》，创办了《贵州文献季刊》。主要著作有《三不惑斋文集》《万里鸿泥集》《并陇纪程诗集》《晋乘论》等。

█ 一城三议员

辛亥革命开启了终结帝制、建立共和的曲折之路。1912年秋，新生的中华民国颁布法令，举行正式国会选举（此前称临时国会）。法令规定，众议员按各省人口比例（80万人选一人）选出，参议员则每省限额10人。贵州当选的10人中，有三位安顺人　黄元操、张金鉴、周伯超，"一城三议员"顿时传为佳话。

黄元操（1875—1951），清末任安顺劝学所总董，除开办初等小学堂、两等小学堂、蚕桑小学堂、广智小学堂等学校外，还主持筹办安顺府属中学堂（今安顺一中）。当选国会议员后曾迁居北京，至1935年告老还乡，担任志局局长，主持编纂《续修安顺府志》事宜。著有《黑水三危考》《贵州苗彝丛考》二书传世。

周伯超（1888—1945）。1914年袁世凯解散国会后，即回乡再未履职。1918年东渡日本，入明治大学学习，回国后追随孙中山，被聘为广州总统府顾问、大本营谘议。后倦于政事，回乡从事地方文教事业，先后出任省立安顺中学（今安顺一中）和安顺女子中学校长，安顺图书馆馆长等。

张金鉴（1879—1952）。1922年举家迁居北京后，与梁启超相识相交，尤与任可澄交往甚密，多有诗作唱和。1938年迁返安顺，致力于教育事业，1948年谢世。在履职国会议员期间，曾与黄元操、刘以芬（福建人）等共同抵制曹锟贿选。虽结果未尽如意，却也留下一段佳话。

▎一街两校长

1897年，张廷休生于安顺水洞街。他曾先后就读于安顺县立中学（今安顺一中）、南京高等师范学校。毕业后曾在山东济南中学执教数年，1924年毕业于国立东南大学历史系。1930年以后，任河南省政府秘书长。不久，到英国伦敦大学、德国柏林大学留学。归国后先后任国民政府财政部专员、国民政府中央土地委员会副主任、教育部秘书，蒙藏教育司高等教育司司长，著有《欧洲大学起源考》《近代革命史概要》《贵州文化之开拓》《论为学与从政》等。

张廷休1942年8月出任国立贵州大学校长。同年10月，李祥在水洞街出生。李祥于1964年毕业于贵州大学数学系。在乡村执教期间，因其发表的数学论文震惊学界，纷纷来函邀请出国交流讲学。1979年，李祥赴华中工学院数理逻辑研究班学习深造，任澳大利亚莫纳什大学数学系高级讲师。1984年至1989年，李祥任贵州大学校长。李祥著有《可计算性理论导引》，主编《操作系统》《计算机科学》等著作多部，是贵州大学计算机软件与理论专业硕士点的学术带头人。

3/ 雪泥鸿影

傅友德首克普定

傅友德，安徽宿州人。大明开国功臣，军屯的主要策动者和执行者。明洪武一四年（1381），傅友德率步骑30万出征云南，首战即攻克普定（今安顺）。十五年（1382）三月云南战事初平，傅友德提出设卫戍兵屯田举措，朱元璋准其奏，自始大规模军屯兴起。到了宣德八年（1433），贵州置十八卫，有屯堡七百余所。《大明会典》载，洪武年间贵州屯田近百万亩。洪武十七年（1384），傅友德以"平云南""广屯田"等功进封颍国公。

吴复筑普定卫城

吴复，安徽肥东人。大明开国功臣，明洪武十二年（1379）封安陆侯。洪武一四年（1381）从傅友德征云南克普定后，依钦旨择地阿达卜寨筑普定卫城（今安顺城），同年开关索岭驿道通广西泗城。洪武十五年（1382）正月朝廷置贵州都指挥使司，并新置云南十四卫，普定卫为其一。城成即为普定卫指挥使司治所，时称普定卫城，即今天的安顺城。洪武十六年（1383），吴复卒于安顺，追封黔国公。

顾成首任普定卫指挥使

顾成，江苏扬州人。明朝开国名将，普定卫（今安顺城）首任指挥使。安顺圆通寺、崇真寺等为顾成所建，今顾府街因其府邸得名。顾成于永乐元年（1403）封镇远侯，永乐八年（1410）任贵州总兵，统军平定思南、思州宣慰使之乱，析其地分置思州等八府，为贵州建省提供了条件。永乐十一年（1413）置贵州布政使司，标志贵州正式建省。次年，顾成卒，享年八十五岁，追封夏国公，赐谥"武毅"。

杨慎与安顺

杨慎，四川成都人。明代文学家、学者、官员，明代三才子之首，东阁大学士杨廷和之子。杨慎于明正德六年（1511）状元及第，后于嘉靖三年（1524）卷入"大礼议"事件，被杖责罢官，谪戍云南终老。其《滇程记》有"平坝卫六亭而达普定，兹实荒徼名都。地稍平衍，山如髻鬟，城南阓有塔山，浮图标其颠"的记录，另外，杨慎诗歌中有二十九首与安顺有关，其中《赠节妇熊氏寿》为普定进士梅月之母所作。

徐霞客过安顺

徐霞客，江苏江阴人。明朝地理学家、旅行家、探险家和文学家。徐霞客于明万历三十六年（1608）开始出游，崇祯十一年（1638）四月至安顺。徐霞客在他人生最后一次游历中来到贵州。4月18日进入安顺境内，经过今平坝、西秀、镇宁、关岭，4月25日离境过北盘江往安南（今晴隆）。前后七天。途经35个村庄、城镇、哨站，旅程约140公里，考察了41处山峰、岩洞、河流、溪泉、道路、桥梁、寺庙道观。在其《黔游日记》中，留下了明代安顺地容地貌、风物景观、民情民俗的真实记载。如回味平坝"市小鲫佐酒"，赞叹"普定城垣峻整，街衢宏阔"，探奇双明洞"双明漏月""门锁崝函"，游历黄果树瀑布时，感慨"捣珠崩玉，飞沫反涌，如烟雾腾空，势甚雄厉"。

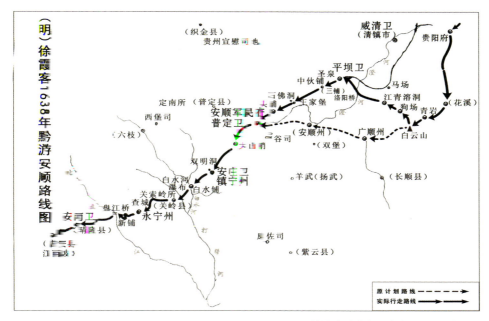

徐霞客黔游安顺线路图　丁武光提供

■ 黄向坚万里寻亲过安顺

黄向坚，江苏苏州人。南明永历五年，即清顺治八年（1651）自江苏启程前往云南寻找因战乱失去联系的父母，途经安顺。此时安顺尚被归顺南明的大西军占据。其日记《黄孝子寻亲纪程》载："达安顺府，府公李春鲲会晤，留署中，致赠。"两年后，黄向坚接回双亲，又经安顺，其《滇还日记》载："二月一日，到普定卫。"此时永历帝朱由榔已移跸贵州安龙府，清军进逼贵州，大战在即。盘桓数日后，初五日，黄向坚离开普定城。黄向坚善画，万里寻亲途中留下许多关于安顺的画作，而其事迹在清初被改编为昆曲《万里圆》，屡演不衰，影响至大。

■ 许缵曾四次经由安顺

许缵曾，上海人。清顺治六年（1649）进士，官至云南按察使。入滇不足一年即辞官归养。许缵曾工诗，著有《宝纶堂集》《滇行纪程》《东还纪程》等。他曾往返经由安顺四次，留下大量关于安顺的珍贵记载。《滇行纪程》载："阛市宫室，皆弘敞壮丽。人皆以白石为墙壁，石片为覆瓦。估人云集，远胜贵阳。"

▌邹一桂到安顺主持府试

邹一桂，江苏无锡人。清雍正五年（1727）进士，授翰林院编修，累官至礼部侍郎、内阁学士，清代著名书画家，所著《小山画谱》一书，是现知有关花卉画论最早的专著。雍正十三年（1735）邹一桂出任贵州学政，在黔六年，曾游历贵州各地，有《白水河》《关索岭》等画作存世。邹一桂曾主持过安顺府试，作有《闱重九安顺考棚口占》三首。

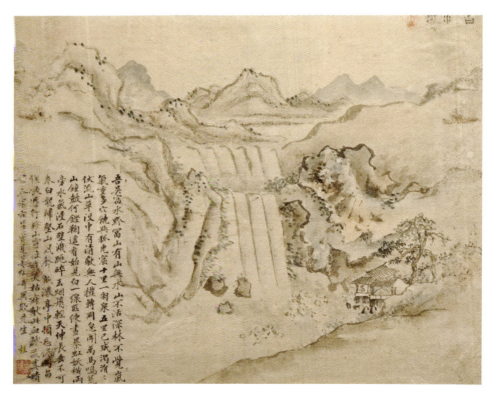

邹一桂《白水河图》

▌洪亮吉考校文武诸生

洪亮吉 安徽歙县人。清乾隆五十五年（1790）进士，是清代乾隆、嘉庆年间著名学者、文学家，并因人口学说而著称。洪亮吉于乾隆五十七年（1792）提督贵州学政，足迹几遍全境。他曾于安顺组织岁试，考校文武诸生，游遍境内名胜，留下诗歌二十二首。

▌张锳与万仙洞

张锳，河北南皮人。清嘉庆十八年（1813）举人。道光六年（1826）以大挑知县来黔，历任诸州县官，后任兴义府知府。张锳曾两任安顺知府，但为时皆不长。他曾亲临关岭晒甲山，摹刻红崖碑，并拓制若干份赠予友人，这是最接近原貌的摹本之一，至今仍是研究红崖碑的重要史料。《续修安顺府志辑稿》载有张锳与万仙洞传闻，大意为张锳曾侍母游安顺万仙洞，因洞中有寺，张母乃祷神求子。后张锳兄弟先后得子，遂以万仙洞取名"之万""之先""之洞"。另，有资料显示，张之洞十三岁时曾在安顺居住，次年即返乡应童生试。

▌胡林翼在安顺

胡林翼，湖南益阳人。清道光十六年（1836）进士，道光末年任安顺知府。胡林翼任职安顺知府一年间，常芒鞋短衣，深入民间，摸民情探匪情。着力剿匪，带领官兵与匪盗作战数百次，还地方以安宁，缉拿处置了余大辫、胡老广等横行乡里的匪首。他兴修水利，着力改善民生，组织民工修建水利，引水入城。又组织史上力度最大、效果最好的贯城河疏浚工程。胡林翼还重视奖励人才，勤于课士，曾国藩称胡林翼"荐贤满天下"。咸丰十一年（1861），胡林翼去世。谥号"文忠"。

林则徐三过安顺

林则徐，福建福州人，清代后期政治家、文学家、思想家，民族英雄。道光十九年（1839），林则徐以钦差大臣"虎门销烟"，不久后被构陷革职。道光二十五年（1845）重获起用，历任陕甘总督、陕西巡抚、云贵总督等。两年后，林则徐卸任归闽，途经安顺，其妾患病，便于城中延医调治，淹留数日。林则徐曾三过安顺，留有诗文数章。

常恩主修道光《安顺府志》

常恩，内蒙古锡林郭勒盟人。清道光二十六年（1846）冬选授安顺府知府，后调任黎平，道光二十九年（1849）回任安顺知府。在任期间，主持纂修《咸丰安顺府志》，聘请晚清著名学者邹汉勋担任总纂，郡人吴寅邦协助，次年完成五十四卷，咸丰元年（1851）刻成。该志反映明清两代安顺的政治、经济、军事、教育、文化、文学、哲学思想等诸方面状况。梁启超在《中国近三百年学术史》中列举了清代值得称赏的"经名儒精心结撰或参订商榷"的方志类书籍一百零四种，《咸丰安顺府志》名列其中，被称为全国名志。

严修首考安顺府

严修，天津人。17岁中举人，清光绪九年（1883）中进士，光绪二十年（1894）出任贵州省学政。严修在贵州主持岁试的第一站是安顺府，半月内在安顺考棚进行了文生、武生、文童、武童的初试、复试、面试。严修是中国近代著名教育家、学者，近代天津四大书法家之一，创办了南开大学，被称为"南开交父"，也是革新封建教育、推进教育现代化的先驱，被誉为"近代教育思想和近代学制引进贵州的第一人"。

鸟居龙藏拍摄的黄果树瀑布

▌鸟居龙藏与屯堡人

鸟居龙藏，知名日本民族学家、人类学家，考古学家。学术上的成就在于将考古学与人类学相结合。1902年，鸟居龙藏进入安顺，在饭笼铺（今平坝区三龙屯堡）一带，发现了被称为"凤头鸡"的当地族群，其"女子之发髻，前部高束，形似凤凰之头""汉足宽大发达，无缠足者"，经研究，鸟居龙藏断言，"凤头鸡"并非苗族，而是汉族。他们的祖先，是"为了国家而客户在偏僻之地"，"在贵州中部形成的汉族地方集团，成了凤头鸡由来之起因。那些变成了土著的士兵和子孙，也就是今日的凤头鸡部落"。可以说，鸟居龙藏是最早对屯堡族群进行汉族身份认定的外来学者，引起了更多学者对屯堡文化现象的关注。

▌丁文江安顺地质调查

丁文江，江苏泰兴人。地质学家，社会活动家，中国地质事业奠基人，民国学界领袖之一,被称为"中国现代地质学之父"。清宣统三年（1911），丁文江首次进入安顺,其《漫游散记》记录安顺位于"比较大的古落水塘中间",途经千里,"一共不到十六万人,若除去贵阳、安顺两个大城,其余的不过四万多"。他还记录了安顺少数民族现状。

闻一多与西南联大过安顺

闻一多,湖北黄冈人。1938 年,闻一多、曾昭抡等 11 名教师、290 名学生组成的"湘黔滇旅行团",步行横穿贵州,前往昆明。在安顺,闻一多游览多处名胜古迹,并留下安顺文庙、华严洞、双明洞等画稿。著名诗人臧克家评价这批素描"即小见大",并认为"这些艺术创作是作为他新生的启蒙因素之一,因而具有特殊的意义"。

1938 年西南联大步行团部分同学在安顺文庙留影

安顺县华严洞小学
47

安顺县文庙 47

闻一多手绘作品

马衡、庄严与故宫文物南迁

马衡，浙江宁波人。庄严，江苏武进人。抗战时期，故宫博物院将文物分批转移到我国西部进行隐藏和保护。其中有 80 箱共计 1022 件国宝于 1939 年初转移到安顺华严洞，并成立"故宫博物院安顺办事处"，庄严任主任。时任故宫博物院院长马衡在安检视文物保管情况，在安盘桓月余，并在华严洞中题壁。在此期间，故宫部分文物曾在安顺展出。从 1939 年 1 月 22 日到 1944 年 12 月 5 日，华严洞入藏故宫文物近六年，是保藏国宝时间长、保存顶级国宝多的存放地（王羲之《快雪时晴帖》等传世之作均在其中）。当年在华严洞典守国宝的专家学者、工作人员，留下了与华严洞相关的许多文学及书画作品。其中庄严先生邀典守人员刘峨士创作的《华严洞读书山图》，汇聚了十余位国学巨匠所作的题跋，至为珍贵。

故宫文物南迁驻安办事处主任庄严后人寻访华严洞

故宫人员绘文物在华严洞保存图

故宫文物幸运典守人员刘峨士绘《安顺读书山华严洞图》

潘光旦两到安顺

潘光旦，上海人。社会学家，民族学家。抗战期间，潘光旦曾两到安顺：第一次是1938年随西南联大旅行团自湖南徒步旅行到昆明，途经安顺；第二次是1943年应安顺黔江中学邀请，到安顺演讲。其《黔游一月记》有云："在安顺十七天，城内外的风光，欣赏一之八九。"

李霖灿与《黔滇道上》

李霖灿，河南辉县人。艺术史家，曾任台北故宫博物院副院长。他总结自己的一生为"前半生玉龙看雪，后半生故宫观画"。抗战期间，李霖灿与同学组成"步行宣传团"，徒步经安顺前往昆明，沿途见闻结集成《黔滇道上》一书，于1940年由大公报在香港出版。在书中，进入安顺境内，李霖灿感叹："我们可以看到不少的山水云烟变化。这天然的画本，在下云关一带从特殊的石林和拔地而起的奇峰，达到'神品'的境界。"除文字记录外，李霖灿共画了14幅作品，除火牛洞、黄果树瀑布之外还有关于当地的少数民族的写生作品，还实地勘察了红崖碑。

戴安澜与远征军

1941 年春，国民革命军二〇〇师移驻安顺，师部驻安顺南郊华严洞之"憩园"。驻安一年，师长戴安澜将军治军严整，疏浚贯城河，铺筑道路，为群众办学，为民挖井取水，免费为民治病，宣传卫生常识。1942 年，戴安澜将军率二〇〇师作为远征军先头部队赴缅作战，为国英勇捐躯。后忠骸归国，灵柩运抵安顺，城内士绅百姓出城数里，迎祭将军忠骨。

宋扬与《读书郎》

1944 年，抗敌演剧队第四队撤至安顺休整，音乐家宋扬因病到近城苗寨休养，同时进行采风、创作，在此先后创作了两首具有浓郁苗族风情的歌曲——《读书郎》和《苦命的苗家》。其中《读书郎》的灵感就来自一首芦笙调的苗族儿歌："小嘛小儿郎，骑马上学堂。先生嫌我小，肚内有文章。白马珠金鞍，骑马望人看。望见白柱子，读书人做官。"这首轻快活泼，诙谐俏皮的儿歌，一经公演，就受到观众的喜爱，并很快传唱开来，成为抗战时期唱响全国的流行歌曲之一，至今仍传唱不衰。